TERRE QUÉBEC

du même auteur

GENÈSES *(poèmes)*
Cahiers de l'Ageum, Montréal, 1962.

MARTEAU PARMI LES ÉCRITURES *(poèmes)*
dans "Le Pays", Poésie canadienne, Librairie Déom,
Montréal, 1963.

L'AFFICHEUR HURLE *(poème)*
Editions Parti Pris, Montréal, 1965.

L'INAVOUABLE *(poème)*
Editions Parti Pris, Montréal, 1967.

PAUL CHAMBERLAND

terre
québec

(quatrième édition)

6 *poésie canadienne*

LIBRAIRIE DÉOM

1247, rue Saint-Denis - Montréal 18

Poème d'appartenance

retourné au nu langage
à ton visage ô terre égal à mon silence
à ma naissance à mon retour au profond de ton âge
à la vérité du labour de la biche sertie du
sommeil des forêts
et de la bête brune qui bêle renversée d'amour
sous le dieu immédiat
ô mère et ma propriété ma substance   abîme
murmurant sous l'écume des mots
je te rends nu mon corps
crible sa nuit de sèves

au pays

TERRE QUÉBEC

Les Nuits armées

POÈME DE LA SENTINELLE

à Gaston Miron
à Paul-Marie Lapointe

I

Les millions d'oiseaux rageurs traversent mon crâne millions d'ailes à battre dans mon sang le rappel des matins soldats

où vivre épousera la mort transgressée

millions de pas de frères déjà franchissent mes vertèbres et c'est moi cloué vif sur la crête des nuits buveuses du sang natal

vibrent leurs pas dans mes neuromes je suis atteint je luis   je suis le veilleur et la lampe

l'éclaboussure des sangs cadenassés nos premières foulées dans la reconquête des bases et de la santé

c'est moi veilleur et nul au tressaut de la pointe j'intente aux nuits fermées la césure du jour

nous-mêmes partageant l'espace apatrié

l'aube m'abolira que j'arrache à mon corps

naître naître à nos corps folle flambée d'aurore sur les montagnes bousculées

combattre au nom de ce qui se tient dans le jour femme pays la couleur violente de la semaine et du futur enchevêtrés

le jour humain du sang

II

la bouche au bâillon
la gorge au rasoir de l'ombre
périr en tam-tams d'insomnie

(le carrelage hurle ses fours aux fenêtres hallucinées)

l'ombre a dévoré les miroirs le ciel assommé bave sur
les seuils
l'ombre a dévoré le pays les vents y creusent leurs cou-
loirs sanglants
où l'on couche les grands corps éteints de nos vendangeurs de haine de nos vendangeurs d'amour
novembre les supplicia

ce peuple est un lent cortège qui rebrousse en sa mémoire les sentiers de son aurore
il porte déjà son deuil

mille bouches grinçantes le Nord s'ouvre fleur mul-
tilame des glaciers
ce peuple meurt aux lampadaires du silence
cierge aux doigts fins de l'officiant castrat

a-t-on fermé les portes du matin

III

mon corps naît d'aube à peine et j'ai mal

d'avoir fait les cents rues de l'espace j'ai fini par savoir   l'espace dans nos pas vacille   l'espace plaie s'écoule aux fondrières du Hoquet divin
le voyage est malaise et le soleil dérape dans les songes   le soleil saigne dans le charbon
c'était là le matin et nous n'avons jamais quitté le charbon

malaise les fleurs malaise les eaux mensonge tous ces oiseaux dans le quadrille des dimanches
de mal me tenir dans le jour j'ai su que depuis toujours la nuit rongeait nos matins
que fleurs rivières hirondelles voilent en brillant la bête affamée

je n'ai jamais quitté le sentier qui menait au moulin de l'étrangleur

je m'enfonce plus sûr qu'un train entre les dents du malheur
et le ciel croule et les toits crient très lent très lente imperceptible chute

IV

... au temps nul de naître jamais de mourir toujours
— tout lieu se dérobe à fonder le pays l'espace de vivre —
quelles mains viennent palper nos fronts barrés
    déjà l'ombre corrode la pierre d'accueil le seuil de nos
gestes   l'infâme faim dévaste nos blés faim de sommeils
et de terriers
    au coeur la forêt brûle et le sourire craque
    la geôle nous rentre au corps nous dévore

    nous voici geôliers de nous-mêmes

    sentinelle coupée des chemins de lumière je nais au plus
haut foyer de la solitude
    je saigne et je m'éteindrai aux faisceaux inouïs de
l'obscur

soleil qu'on nous a volé   soleil roué sous les dalles
soleil nôtre dans nos pas à rebours des horizons verrouillés
tam-tam du sang natal soleil hurle à nos poings

le sang failli s'annule en tous miroirs aveugles nos cris
ne peuvent se joindre et tresser l'entrelac d'une fronde à
tendre contre le roc ouranien du Maître

nommer la terreur du sang
la foudre du sang
qui nous rende aux plages finies d'une terre qui flambe
nôtre dans nos bras armés

rebrousser pas à pas le pays de nos blessures remonter
le cours de notre malheur apprivoiser du moins notre
maigre mort

V

ô jour   fable à réinventer
nous ne fûmes jamais du jour

ce peuple dort aux caveaux de la honte   entendez la
rumeur du sang bafoué au creux du fer et de la houille
     entre l'étau leurs tempes leur front aux ronces de
l'Hiver
     tout un pays livré aux inquisiteurs aux marchands aux
serres des Lois

     j'entends le sang contre la porte   aux pas sourds de
la fièvre en nuit montent les lunes poitrinaires
     le front bas sous le ciel hurlé nous avons mené nos
chemins en forêts pour les dresser suicide sur l'autel de la
dérision
     des doigts sacristains les ont noués à jamais dans le
vitrail du délire

     les hommes d'ici devisent posément de choses étran-
gères ils n'entendent pas le bruit que font dans leur cervelle
les lunes crissants couteaux
     et les sombres fruits coupés de l'arbre aussitôt choient
aux marais

     à l'étroit dans le cierge et l'ogive notre feu se châtre
et vend aux idoles sa mort interminable

VI

bailleurs de fonds tous ces oiseaux qui sont venus nous
ficher l'aube au corps un matin
rupture des prisons blessure ardente au cadavre blêmi
de la ville
il nous fallait ces cris d'avril tous ces miroirs en feu
aux lèvres du ciel émigré sur nos toits
pour forcer l'hiver et la mort jusqu'au plus obscur de
nos os
pour y raviver l'étincelle aux reins de tout un peuple
enfin radiant l'espace de chemins guerriers

ah blé chaleur et table épaisse rituel
des sols noirs et gras tout le ciel
d'un jet dans nos labours
ah la danseuse incendiaire au long du fleuve
artériel notre corps notre été retenti
jusque dans la moelle   l'espace
notre patrimoine sous les quatre épées du vent
et les forêts les banquises les gulf-stream
cinglant l'horizon de nos semailles
l'infini au poignet tournemain des étoiles
NOUS rançonnerons aux cents nuits
la   TERRE   QUEBEC
l'immense berceau des glaces
le profond dortoir des astres nickel et cuivre

VII

ta parole épée dressée sur nos arpents

ton corps lié aux fureurs de l'étoile

aux messageries du jour la rupture de l'acier

relance ton assaut dans la foudre et le sang

tous les dieux tonnent dans tes muscles

ravis l'épouse et les jardins sème l'été dans nos actes

sème la saison des égaux dans les nefs et les usines

cravache les sommeils ravive la blessure aux fronts
des foules serves

ARME LES NUITS D'UN PEUPLE

Naissance du rebelle

ô ma naissance dans les cloîtres glacés du baptême
et la rosée des premiers jours fut sur mes lèvres le péché
qui me ferma au sang des fauves généreux
　　je suis né aux neiges les plus mortes aux cages d'aubes
affamées d'aubes gercées dans la honte aux terres des suicidés
blêmes
　　et dans mon coeur d'enfant l'on a planté le haut sapin
vertical de la mort

　　elles accomplissaient l'obscur au sein des jeunes chairs
leurs doigts commis aux sûrs fermoirs du pôle enfer sans
césure
　　elles l'ont pris à ses six ans l'enfant cristal docile aux
vents chanteurs page illustrée des jeux d'étoiles
　　arraché aux chemins infinis de la sève à la turbulence
des tiges soeurs de son corps transparent
　　l'aube déjà gonflait sa lèvre　　l'aube séduite son escla-
ve à fulgurer dans le vitrail de son sang giclé dressant l'Hymne
　　déjà l'espace au baiser vif de ses meules le provoquait
aux rails illuminés des vengeances — claquait la carte des
assauts aux quatre vents du futur

arraché au scalpel du défi

arraché aux lanières du feu

arraché aux forêts culbutés sous le pas des guerriers
aux poitrails du Midi hurlant parmi les femmes-
blé les razzia incendiaires du plaisir
aux crinières embarbelées des astres qui remon-
taient du sang encore tout palpitants de l'ombre irritée des cratères
aux chevauchées des sangs-phosphore zébrant
la foule arbre éclaté sur sa moisson de mondes
et de dieux

un matin il jouait parmi les lièvres fous et les luzernes
crépitantes aux confins des régions cadastrées proche à l'insu
des espaces sans décès ni blessure du fleuve au cours perpétué
de dieux-foudres fils de l'Immense et de l'Alluviale

mais au soir l'épouvante du ciel promena sur son front
la herse des maudits appuya sur son sein le baiser de la tache

elles en grand cortège

les veuves au profil de buse

les douairières du château d'exil

les veuves l'ont conduit au domaine du Froid terre
gardée de serres inflexibles   les veuves l'ont porté sur
la pierre assoiffée de la nuit et de leurs doigts — double
tranchant — ont incisé son sexe et lacéré de la poitrine à
l'aine les grandes plages de sa joie y inscrivant de l'ongle les
chiffres mauves du remords

elles ont tranché dans ses membres à la racine des voya-
ges tous les muscles s'ouvrant chemins vers les Midis de la
chair et les forêts de l'étreinte où l'Autre s'incendie dans
l'oeil miroir de sa danse et demeure de son expiration lumi-
neuse

obsession des fenêtres hallucinées dans l'éclat incestueux
des cires mon sang dressé retors s'irritait aux ronces diaman-
tées de ma geôle

et mes chevilles maculées d'onction infligeaient au
velours des gardiennes la déchirure innombrable de ma fureur et de ma santé

Ite missa est

tu aimais les pierres songes les témoins de l'aurore incendiant leurs membres au bûcher de leur chant

tu vagissais dans l'herbe foulée par les dieux qui traversaient ton corps et l'empalaient vibrant au midi des trophées

la gloire sonnait haut dans les mats du mystère et l'archange en toi supplantait le corps transverbéré

des saisons du divin n'est resté sous ta langue qu'une amère mémoire d'herbes séchées   dans ton regard après les pluies que les os blanchis des danses foudroyées

enfance à la saveur de beau mensonge à l'âge d'homme tu te débats parmi la rouille et le fer-blanc d'un rituel détraqué

l'aubier du songe a dénoué ses bracelets magiques et ta soif mord à l'écorce des journées vides

où l'heure gagne l'autre à prix coûtant

le sentier qui retourne à la source est brouillé tes veines
en sont veuves mais la source elle-même était trouble

et ta déroute virant aux cents rayons rompus de la roue
des anciens chemins n'aurait plus son repos dans la rose des
vents à nouveau dans ton corps ouverte

ta blessure n'est point la tienne et sa lèvre en toi qui
chante saigne en l'homme de peine

et si ta main gantée de mystères paisibles se raidit et
résiste c'est qu'elle entend le poing durci du mineur opprimé
frapper le ciel du capital

car rien n'était écrit ne pleure pas la mort du Livre
l'homme s'écrit à chaque jour et se rature dans la sueur et
la guerre

et sans mémoire libre et nu à chaque jour il s'invente
sur la page blanche du petit matin

Ode au guerrier de la joie

"...La mort est terrible,
il est terrible de ne plus oser,
terrible de ne plus aimer.
Je hais tout ce qui est mort.
J'aime tout ce qui vit."
Maïakovsky

tu me reconnais Maïakovsky tu me reconnais   oui
c'est bien moi cette ronce entêtée dans le labour durci
blessure mal fermée que saigne bleu la serre du Froid
     tu viens vers moi lourd et droit tel un astre chargé de
ses moissons électriques   homme-foudre pour me fou-
droyer
     tu viens de la nuit rouge où l'artère innombrable
malaxe les anges incendiaires que les hommes de mon peuple
un jour enchaîneront dans leurs pistons leurs courroies et
leurs roues

     poignard dressé l'Evénement perce tes yeux perce les
corps des grands sommeils   jusqu'à moi jusqu'ici jusqu'en
ces terres encastrées dans les écrins du songe   nous ont
mordu jusqu'en l'aorte et l'oreillette les mâchoires du Passé

le petit drapeau flotte au front du dernier royaume le
petit drapeau de la mort ... c'est nous l'ombre des forêts
castrées c'est nous la pâte des boulangers chauves l'eau et
le vin des corbeaux tonsurés

viens vombris m'attaque et me déracine et me plante
sanglant et brut dans la chair torrentielle du Futur

la Chose te pénètre à chaque jet de l'Hymne hors de
ta chair plaie consumée dans l'arc vertigineux du cri la
Chose s'articule à tes vertèbres à tes tempes à tes bras à tes
jambes   la Chose meut ses foules à travers tes délires et
tes fureurs solaires

à ton front l'orbe des songes bâtisseurs s'éclate bûchers
rails hallucinés jusqu'aux mines givrées s'inscrire aux bras
des noirs vulcains

ô l'extase de ton sang par la scansion de l'Hymne rouge
dressant les troupes prolétaires aux marches des cités sans
maîtres   l'extase hors des caries de l'ordre cadenassé

midi fureur dans les hanches des foules   Maïakovsky
kaléidoscope des vengeances   char étincelant de l'amour
dieu-marée dans le blé de nos muscles

L'Histoire

je tenais dans mes mains la tremblante étoile de l'amour
et alors qui étais-je   dans l'heure médiane sur la cime
immobile du temps   elle coulait et respirait en moi elle
s'y accomplissait dans la propagation de tous ses chemins
de toutes ses étreintes

   qui étais-je qui étais-je donc ainsi possédé ainsi fondu
à l'axe du devenir   ville lampe ou gorge foudroyée de
la mort   j'étais nul je n'avais lieu j'étais cette pure vibra-
tion sous l'étamine et le pollen qui traversait le monde
intact   force délire universel domaine entrelacé du muscle et du métal

   tout mon corps obscurci s'ouvrait à mes cinq doigts
levés comme le malaise même de la rose où le monde enfin
blessé geignait aurore dans les veines de l'homme brusque
et royal sur le silence des choses à jamais accordées

   femme ou pays double terre conjuguée dont j'étais
l'anneau de sève   en elle et d'elle je transgressais doucement du regard et de l'acte les abattis de l'espace et du
temps   noué par tous mes membres à la substance natale
aux ténèbres de la mine et du sein

Foules

les chemins dorment en la chambre close des pépites
et tu le sais danseur pour qui l'espace est un sourire que
ta main fascine et fend

quatre femmes en quatre saisons t'attendent pour t'unir
à la roue multiple du songe-vagin d'où les peuples nomme-
ront leurs jardins et leurs dieux

j'invente   la coquille   et l'aurore à ses lèvres sur-
git sans-rosée des premiers jours claquant dans le verbe
j'invente un cloître où murit l'astronef d'où les buildings
s'enfoncent dans le sein des chastes

j'invente du silence un nom plus refermé que l'atome
mais le ciel prochain n'en sera pas moins peuplé d'animaux
lumineux plus que doctrines

et je n'invente rien j'herborise ma mémoire   toujours
le même arbre à la fenêtre où je m'ouvre boit les foudres
muettes de ma chambre   un enfant suicidé ferait retentir
ma rue d'un futur plus vorace.

Ungava terre de l'os

tu vivais dans l'éclat désespéré d'une chambre — claquemurée ta fureur — tu te défendais contre l'espace contre le cri de la santé contre les souches les rivières contre les pans vertigineux d'un ciel cravaché de soldats chargeant les villes suicidées des roues enflammées du Futur

sur la table grinçait la lame du plus haut refus

tu vivais dans l'absence consommée du regard regard rivé dans les miroirs secrets de ta mort interminable toutes géométries de la danse et du voyage résorbées à l'asphyxie des masques intérieurs encastrées par trop d'usure à l'oeil fixe d'une lampe au plein silence de la mémoire

tu vivais entre les cloisons du songe où chaque pas de ton enfance résonnait brûlure au pavé des rétines et jusqu'aux sols de l'ouïe inscrit avec ses nimbes d'épouvante

terre de l'os Ungava le soleil rougeoyait dans la basse terreur des horizons et sur les longues steppes bossuées de cris rauques avec leurs tertres tumuli d'anciens dieux-fauves assassinés aux premiers jours de leur langage alors qu'il leur naissait dans la gorge des chaos de lueurs aux mains des armes de silex contre la torpeur des saisons noeuds de la guerre et de la faim sombres moulins dans la gueule d'où s'éclataient striant l'espace l'hymne acéré des forgerons qui forceraient les sols à s'ériger royaume sans mémoire

et l'homme te parla   tu ne comprenais pas sa langue était celle des chasses et des muscles fendant le froid
l'eskimo dans l'espace de ta nuit rupture intolérable de la joie d'être morsure sans recul aux corps des glaces démesurées

tu palpais la peau de phoque et trempais tes doigts dans l'huile quêtant l'affleurement furtif de la fureur première giclée au coït de la pierre et du feu du harpon et de l'écume de la chair et des dents

l'arbre cratère au fors du pôle fendra l'espace en cathédrales et milliers de tonnerres aux bras cercle- ra la terre de ponts gorgés de sèves bâtisseuses

hurla le futur tout à coup sur l'envers des nuits
l'oiseau des banquises humiliées portait aux crocs du jour la plainte amère des lichens

te voici libre de raisons . . .

Deuil 4 juin 1963 (1)

aux camarades du FLQ
victimes de la délation
cet inutile glas

déblasonnées les saisons
sur leur sexe malheureux
les camarades en prison
nos coeurs sous le couvre-feu

la bête espoir bave au pavé
où l'aube luit mauvais crachat
mais nous dressons nos poings coupés
qu'ils saignent noirs sur le ciel cru
au claquant drapeau de la rage
nous restons camarades nous restons
vos raisons sont les nôtres et qu'importe
qu'au pilori de l'anglais aujourd'hui
vous tourniez que nous tournions demain

(1) Date de l'arrestation de quelques patriotes

les forges sont dressées dans les veines d'un peuple
la terre énorme halète et taille dans sa chair
l'enclume et le marteau la poudre et le canon
son visage grandit au premier feu des bombes
il tremble de le reconnaître il se tait
déjà tonne à ses tempes une parole armée
il entend crépiter les ténèbres du sang
la foudre et le métal le tam-tam des révoltes
sourdre clair en ses membres et le soleil battant
faire sauter l'hiver et rayer nos gardiens

déblasonnées les saisons
sur leur sexe malheureux
les camarades en prison
nos coeurs sous le couvre-feu
le feu de vivre sous le bâillon

Le temps de la haine

à *André Major*
à *Jean-Marc Piotte*
à *Pierre Maheu*

1

des balles dans le vitrail un matin
le coeur cesse de battre
belles cadences girouettent dans la sacristie saccagée
des images

adieu adieu je me tais   désaffecté le carrousel halluciné du pur poème
le face-à-main de la belle âme pourrit déjà dans une
flaque où j'ai bu l'aube des villes
adieu adieu puisqu'il était une fois une princesse dans
son blanc château . . .
me voici aussi nu que l'herbe des fossés
et je m'attends déjà par les rues quotidiennes

2

j'ai cassé le miroir du poème et fracturé l'image mur
je rends mes yeux je rends mon front et mes poings nus
au privilège du vent ras hurlant aux brèches de colère
    et rien plus rien ne me sauvera désormais contre l'âpre
tourment des hommes de ma terre

    je marche nu dans la distance du silence saigné à blanc
d'où le poème-salve s'arme jusqu'aux dents
    du bibelot fracassé la rumeur de l'image déjà s'épuise
et fond dans la mitraille du futur
    la poésie s'emmanche et vibre au même bois que le
couteau

    homme de boue je marche à la hauteur commune
    je me tais et j'entends crépiter sous mon crâne la grêle
des pas dans le canon des rues
    je suis l'affiche d'où votre sang giclé camarades écla-
bousse la nuit des traîtres
    et le petit matin des vengeances

Raison de vivre ou de mourir

je ronge ma nuit
petit mammifère en déroute
au bord des forêts flambées
petite chose des espaces
hochets des dieux aveugles

je n'écrirai point mon nom
sur la fontaine et le pain
sur le chemin de la raison
sur la pierre du matin
ma prison déjà me dévore
et je suis cendre au coeur du feu
plaie dans la gorge de juillet

or nous vivons encore   nous saignons
nous dressons du moins notre mort
claquant drapeau dans le vent des hommes
en nous
fossoyés mais drus
ce qu'il y a de cris dans les luzernes de nos coeurs
ce qu'il y a de matins dans le canon de nos yeux
et de caresses aux jardins saccagés de nos bras
au plus profond de l'agonie l'étoile de nos sangs liés
ressurgit sans appel au fronton de l'histoire
— hommes ayez pitié de sa brève beauté —
cet âge scellera notre aurore ou notre tombeau

      droit aux lunes rouges d'avril
      sous le casque sanglant des nuits
      dans la cuirasse des vents chauds
      descendre au large corps du fleuve
      fourbir jusqu'en sa racine la foudre
      pour la dresser aux cents chemins de colère
      lanière cinglant la croupe de l'ombre

      en nos corps criblés de sève
      en notre sang terre assaillie d'aurore
      nous fondrons l'espace au feu d'un pays

Poème de l'Antérévolution I

à Yves Préfontaine

je verrai le visage du feu s'accroître à la vaste fleur
des pavés au corps gercé de ma saison
　　et mordre jusqu'à les briser les amarres du froid
　　le Froid nous a tenus en haute trahison peuple-bedeau
aux messes d'un lent minuit blême
　　la roue sanglante des révoltes d'un âge à l'autre a
tourné retourné
　　mais ce n'était qu'au cabestan des litanies
　　mauvaise petite flamme que très vite un angle anglais
et romain fixait exorcisée au bleu manteau de Marie
　　petite étoile étouffée dans l'écrin d'encens　　c'était
notre coeur saigné goutte à goutte que nous regardions
attendris battre à l'unisson d'une paupière poudrée

　　visage trop longtemps secret aux plis creux de la peur
visage qui nous rend à la dure passion de naître
　　notre pays c'était si loin entre Baffin et les Grands
Lacs entre la Baie d'Hudson et les monts Notre-Dame cette
chair vive et sourde-muette d'un faible et grand oiseau
crucifié sur l'Amérique des yankees

je verrai le visage du feu sourdre au terroir de nos
jurons fendre les portes barricadées de nos nuits
je le verrai d'un coup s'abattre contre nos visages et
fouiller à fond nos veines rendre nos corps intacts à la
fougue jumelle du fleuve et de la mine
nous rendre neufs à l'Elément
nous nous reconnaîtrons de glaise et de désir
nous serons de nos armes de ce temps des christs rouges
qui vendangent les rois et tirent des prisons des nations bla-
sonnées aux couleurs de l'enclume

ô visage du feu d'où les peuples fiers et nus se forgent
une raison un pays du seul cri né des liens fracturés
vous aura-t-il fallu flambé de l'Asie à l'Afrique et de
l'Afrique aux nègreries latines incendier les tropiques d'une
mer à l'autre
pour enfin nous tirer des mâchoires du pôle et dresser
dans nos corps ensommeillés de taupes l'incendie d'être libres
et d'épouser au long de ses mille blessures notre terre Québec

Poème de l'Antérévolution II

*"J'entends surgir dans le grand inconscient résineux
les tourbillons des abattis de nos colères."*

Gaston Miron

matin parfumé de résine où l'acte quotidien devient le geste rare du héros
le devoir nu de commencer
je retourne au coeur noir de ma terre je veux boire au sommeil de son nom
la force d'origine et le sang de ses armes
je me tiens droit dans la blessure du premier matin et je traverse la rose nocturne qui s'illumine et tremble au silence saigné du bois
le vent m'érige qui me soit complice et fouet
je mords à l'écorce immédiate ô résine ô parfum primordial
et j'exige la science nue de naître au tranchant de mon nom
j'exige d'être au lieu premier de mon affirmation

matin d'odeurs clouées au tympan de la mort où rare
et seul le cri de vivre ouvre à jamais les vannes du jour
   l'âme de la résine ne s'invente pas de l'arbre dur mais
de la fibre inquiète et du poignet de l'homme
   qui partage l'espace au biseau de ses veines
   la résine est odeur de frontières   en toi je passe du
désir à la mort
   je vis je suis sobre et vivant j'ai tout mon sang pour
mon pays et ma vigueur pour l'y ensourcer libre et dru
   comme ses chênes et ses rocs comme sa luzerne et ses
fleuves
   libre et dru comme l'obscur de sa racine américaine
et le silence de son mal

à Thérèse

FEMME QUOTIDIENNE

Entre nous le pays I

mieux que de la boue des printemps
mieux que des feuilles mortes et du vent ras ce mauvais marin de mes fièvres
de tes lèvres de tes lèvres à la fatigue du ciel rouge et tendre ostensoir béant à nouveau l'aurore
de la riche saison de tes bras je m'élève et je me bats par les muettes nuits de l'enfance défiée
petit batailleur aux genoux en sang je m'entête à rebours par tous les sentiers hagards par les tranchées et les forêts vendues
je sangle pas à pas les anciennes terreurs et les fougères délivrées m'enserrent nuptial

tu ne sauras jamais tu ne sauras jamais ce qui saisit le monde en ce matin d'où je nais pour qu'il vienne ainsi trembler à tes cils y boire son secret
et le secret de ma colère heureuse
de tes lèvres oh le sang chantant plus clair de la caresse des couteaux fusant tournoi dans la clairière de ton corps livré aux terribles fenaisons de la guerre

j'entends gémir la nuit de ton oeil brun la plainte-mère
au nid feuillu de la rosée et la bête illuminée qui enfante
— ô profonde   terre   déchirée
d'où je m'érige droit parmi les herbes drues et les armes
du jour
non je n'aurai même pas ce sanglot d'être libre
dans le dur éclat de ma force je marche déjà sur les
blés amoureux
et le monde accablé sous ma brusque tendresse bêle et
bave à mes talons à ma cuirasse
je crie ce jour de ma naissance au front tatoué de colère
du ciel enfin terrassé qui croule dans mes membres

Entre nous le pays II

*"Parce que je suis en danger de moi-même à toi
et tous deux le sommes de nous-mêmes aux autres."*

Gaston Miron

les printemps étaient doux oui
doux saumâtres les printemps de mon pays
un lent malaise de charbon passait entre nos deux corps
oui
je t'aimais je souffrais les soleils étaient en prison
un lent malaise de charbon gâchait l'aurore entre nos
dents tu te souviens
j'allais à tes lèvres comme on retourne à la source
et toujours sur la piste muette s'abattait l'ombre blessée
à mort
du seul paysage de notre amour
ô toi et moi rives toujours désassemblées sur le deuil
infini des docks
et l'exil au long cri d'oiseau noyé dans la flaque du
petit matin

Chiffre du seuil

neuve chante irradiée
l'évanouie des miroirs
— l'espace hors de ses gongs —
les fruits ouverts l'air ébloui
saignent les sentiers de ma faim

l'aube énigme éclatée
donne lèvres à mon chant
et ton corps à mes lèvres
le fleuve joint toutes ses rives
le feu s'épouse dans les pains

ton nom est printemps et c'est moi qui te nomme
déjà tu riais dans Botticelli

je tiens entre mes doigts ton cou lumière blessée biche
ton lever fit mon oeil blessure et j'incante nos sources
à sourdre joie debout parmi la sève en choeur
le monde premier dans nos bras est un enfant qui s'éveille

ô parole mienne à la tienne abeille à la rose
un colibris se perd heureux aux franges des abîmes-mères
le monde en toi s'épouse et corbeille crève en rires
jusqu'à mes ongles terrifiés jusqu'à ma lèvre mauve
mets le miel sur ma langue et le pain dans ma bouche

ton nom est printemps et c'est moi qui te nomme

Volets ouverts

j'habiterais cette musique un instant
comme un enfant lécherais la vitrine
d'où le soleil mène ses jardins à paître
et la nuit ses jardins à dormir

                    en   passant

je traverserais la saison le fruit
la sentinelle heureuse et le pain
à peine on entendrait mes pas
dans l'ardente prairie de ton rire
frémir étoiles sur ton sommeil

je retournerais sans mémoire
aux ventres noirs des fontaines
où la nuit dort au sein du jour
et dieu le serais bien malgré moi

dans le milieu de ton été

l'étoile anneau douce à ton doigt
j'y vois tourner la saison la ville la saison
le temps abaisse sa paupière sur ton oeil
et le coeur violet de la fleur rougit ta chair
embrase ta lèvre
où je bois le monde blessé guéri

je t'aime et la terre à tes pieds se tait
comme la brebis mère endormie
je t'aime et le ciel réfléchit ses miroirs
en ton sourire nuageux
vienne la pluie   et ton corps soleil à travers
la pluie
le monde est une fleur qui palpite à tes seins

choses qui naissent au sentier de tes doigts
jamais n'en referai le dessin sinon
qu'en la splendeur des lampes conjuguées
sur ton sommeil sous mon baiser

à l'orée de mes mains le clair de ton visage
chasseur à la trace des nuits je blêmissais
à renouer sur nos lèvres l'anneau de nos saisons

Anneaux éclatés I

crépitent les nations
au sinaï des hauts fourneaux
s'endorme le soleil
en l'après-midi de ta hanche

choc
cercles à l'infini d'un centre
aux forges brèves de la guerre
l'enclume annexe le marteau

ha ce cheval tendre tout inondé dans ta nuque
nous mâcherons l'été soumis — l'oeil miroir d'un navire
où je t'aime une heure — il fait mousse
au fond de ta gorge — t'ébahir le chant
d'une aiguille à mille carrousels

Anneaux éclatés II

rez-de-chaussée de la raison
blême déroute nous passons
le jour suppure aux portes enfiévrées
et l'air apaise l'air éteint les gongs

— t'assaille une ville fournaise dans le sang
— l'étoile creuse son nid dans tes reins
— il nous faudra périr au brasier de nos actes
— je suis à regret le charbon
— tu disais le monde est un cri tu disais
et j'en suis exclu

à travers les bruits de la rue
j'entends mal fleurir ton visage
à travers le feuillage aride des néons
ton visage éclaire vers le mien

midi minuit pas-de-deux
l'heure culbute bourrasseuse
et tes bras d'ombre viennent s'ajourner
aux barreaux de la fatigue

difficile d'aimer
difficile d'aimer par ce temps de klaxons et de sirènes

Paroxisme

1

casse les miroirs
si tu casses les miroirs le monde s'ouvrira blessure aux
lèvres acérées de la vitre
sang
espace rompu
une femme   son visage par l'échancrure mosaïque
lancinante jusqu'en tes poignets
ce fut après longues années parmi les algues . . .
la mer au sein de l'os aiguise longtemps les chocs et
soudain parmi tes familiers la poitrine craque et rend l'obscè-
ne cri d'un naufrage
ton corps éclair d'huile au flanc du monstre enfin cerclé
tes doigts dans la glace hurlante signe l'arabesque du défi
je
cataracte et simoun
l'espace harnaché de scalps hurle

2

ce fut après lentes années parmi le lait des algues . . .
n'enlevez pas n'enlevez pas à mes tempes l'insecte affa-
mé qu'il me ronge la cervelle qu'il en tire m'épuisant une
aube brève qu'un rictus calcine et pique au jarret d'une
bête brune boueuse

petit promeneur des dimanches qu'un baiser qu'un ave
clouait chaque soir entre ta mère et le crucifix
ton sourire de satin profondément creusé par les ciguës
de l'oraison

casse les miroirs assemble au-delà de l'image éclatée
le visage aigu de la femme et noeud de ta mort à la sienne
sera l'étreinte du sang jusqu'au naufrage des prunelles

Femme mon espace

est-ce toi-même revenue   est-ce toi-même ... long-temps avoir pressenti tes paumes chaudes sur mon corps gercé dans les geôles polaires tes mains faisant saillir d'avance l'artère de mes lampes

je transgresse les saisons pour te saisir jusqu'au sel de ton rire jusqu'au berceau de tes actes ô vibrante figure des pluies   chair intime de l'étoile en vivante blessure sous l'apparat des jardins

heure éclatée sur l'An de Feu
roue des noces antérieures
chiffre du blé de ses royaumes

j'apprends la mort domptée jusqu'aux derniers paliers du velours   nous marchons à travers le treillis secret des regards de fauves essoupis

les anciens poèmes saignent blessés à mort et leur sang fleuve indistinct se mêle en l'unique bouffée d'indigo   la chair nouvelle précède les noms que je tirerai de mon corps vieux monde assailli d'espaces assoiffés ...

surgisse l'inconceptuelle la phrase saccageant les murs de mon domaine entrelacé

j'ai dormi de longs mois sous l'accablement des pensées anciennes dans la présence inconnue de la mer informelle promesse ...

Foyer de l'étreinte

je rêve un espace sans blessure   je le commence et
j'en préviens les routes   miroirs je vous somme de briller
de vous fendre sur le pas des fleurs ravies aux saisons de l'os
      moi-même   un seuil d'où je m'évade   vers la
forêt des langages où les clairières me seront épouses...
     le ciel aux mains la table aux vents j'habite en eau
la douce maison des algues blanchies la blanche saison de ton
corps haletant royaume
     du lieu nul où naître à nouveau nous rassemble fruit
dans l'ogive extrême de nos sangs nués quel cheval de terreur détale déjà méconnu
     ton geste appariant l'espace aux jardins sème aux cica-
trices des nuits la fleur giratoire du jour

     efface du talon la bouche des marais ce qui avait pouvoir
de nous éteindre et la peur au front tatouée au corps la
ronce affolée du silence

     nos corps au plain-chant de l'espace s'ajouxtent vitrail
et criblés de sèves jumelles ensourcent la vigueur du monde

Lettre à la femme-aurore

Thérèse la nuit est dans tous les arbres et dresse autour de mon coeur ses lents feuillages homicides
combien d'oiseaux qu'atteignit l'ongle du froid s'éteignirent dans une enfance où je n'ai passé qu'à demi
on avait coupé les étoiles une à une et je n'ai jamais rejoint le jour   j'attise en songe des brasiers qui me dévorent cru et me rendent nocturne aux ténèbres
je bave de terreur au gravier des chemins avares qui me refusent vers toi   qu'une fois de plus les lanières croisées du vent me jettent en pâture aux démons de l'ornière
Thérèse en tous les jardins les lampes étranger me chassent et la nuit s'enroule ma déroute en l'étroit de ses ronces

voici ce qui n'est pas un poème ni le blanc verger des je t'aime mais de l'artère aux lèvres le violet rugissement de mon espace fermé au chant
je n'ai point voix dans la bourrasque   je suis d'avant le nom d'avant la dignité d'être homme en fer de lance au bouclier retentissant du midi
comment aurais-je voix dans ce pays sans nom cloîtré veines à vif sous le fermoir du gel
la terre assassinée s'étrangle dans le cri de la mouette et saigne aux branches fracturées de l'orme
je suis d'avant l'aurore entends les pluies traverser mon enfance et l'effacer jusque dans ma naissance
ô tendre seuil effracté
je suis de la terre sans racine où la foudre sang noir écrase entre ses dents l'avril au vert infant de ses bourgeons

entends le long cri rauque des rigoles rompre mon corps
aux torses brises de démence
   et la grinçante saison des couteaux tailler à vif sous
mon front la meute éclaboussée des suicides
   foyer d'où jaillirait parmi les dieux nouveaux le pur
regard ouvrant l'espace d'un royaume
   tous ses chemins à la fois s'irruptant de nos bras noués
retisserait le monde à l'aune de nos épousailles
   et je courrais fleuve haletant m'agenouiller à tes jardins
colline ô blanc cellier du jour

   femme-aurore au minuit de mon sang   ma gerbe de
clartés aux mains des horizons   ma cathédrale d'odeurs
fauves et de rosée   rassemble dans ta chair mes troupeaux
d'épouvante
   ô femme forêt traversée de clairières où le pas chante
à mi-voix les cents chemins tissant la tunique des vents
   qu'au saule coule son mille de feuilles et chacune sur
ma lèvre gercée mince doigt de fraîcheur suscitera le fleuve
des poèmes
   je ne suis que blême blessure à la cuirasse de la nuit
je n'ai point flèche à cils de feu pour planter en ton corps
le nid feuillu de chaque gémissement d'amour
   termine ô femme ma déroute   qu'en toi j'élève ce
pays au jour claquant du nom

Le poème sans image

je me suis retrouvé seul un soir avec moi-même
un soir de rues fuyantes et de pluies étrangères
je me suis trouvé seul   et toutes ces années balayées
d'un coup dans la brassée des vents d'
avril chaleurs aux tempes comme au seuil des larmes
une main la tienne s'ouvre un sentier d'accueil
trouvé seul au coin des vingt ans seul et sans mémoire
enfin
trouvé très malheureux simplement comme l'on marche
en trébuchant doucement derrière un brouillard
où se serait noyé quelque chose du matin
seul avec ces années fanées dans le creux de mes paumes
quelque chose du matin ô gerbe sans importance que l'on
aime bien pourtant
mais que l'on jette au bord d'une ruelle
l'entendre mourir en un doux gémissement de petite
bête inutile
et me voici semblable au premier venu assez malheureux
pour penser la jeunesse a flambé dans le brasier d'une
fête nocturne
où quelque chose du matin se déchire dans le coeur
et saigne au fond de l'horizon qui flanche
et quelqu'un fuit — moi-même — dans l'allée des
anciennes années
je me suis retrouvé dans le poème sans image
et j'allais nu de paroles et de songes vers ton visage
enfin reconnu

et je savais que jamais plus ailleurs je ne pourrais vivre
et mourir simplement
   un soir de rues fuyantes et de pluies étrangères
   je m'en allais pour toujours vers la beauté de ton visage
où le monde passait avec indifférence
   et nous abandonnait au vaste après-midi de notre
entente
   et je marchais à pas comptés entre les plis froids d'un
long silence
   où n'avaient plus cours ni la peur ni les demi-paroles
ni ce mensonge de dresser en images foraines ma fuite
   le monde que j'aimais fondait entre mes dents distraites
   le fruit ardent du désir nu quelque chose du matin où
sonnait le pas de l'enfance
   or miroitant au carrousel des regards encore sans retour
   où s'enfuyait pour toujours l'oiseau des futurs inha-
bités
   et je quittais le jardin clos des fleurs jamais fanées et
qui jamais ne savaient mourir sur mes lèvres pour les brûler
   je me regardais fuir pour toujours l'allée des anciennes
années

   et quelque chose du matin se déchirait dans mon coeur
quelque chose qui saignerait jusqu'en ma mort ô présence
en moi comblée
   poème enfin sans image

Femme quotidienne

l'Amérique bourdonne à la fenêtre et tu dors et notre
enfant bouge en toi doucement
    entre nous le matin la caresse d'un faon passe mais déjà
la blessure du monde s'ouvrait
    dans la rose où nous avons dormi
    la parole entre nous lovée jusqu'au silence le oui et le
non cueillis à tes dents repris à mes doigts
    ô parfum de toi dans mon domaine foudroyé tes pas
d'eau vive dans les sentes brûlées de ma soif
    ensemble nous avons mal et ferveur et colère
    ensemble nous refusons l'innocence d'où les hommes
sont bannis

    et tout est horizon à hauteur de la main à hauteur de la
terre
    la rose du matin traverse Montréal et s'effeuille inutile
au vacarme des rues
    moi j'entends le marteau du blasphème rougir le ciel
des hauts fourneaux des banques des églises des bordels
    j'entends rugir l'homme acheté au prix de ses journées
l'homme dépouillé nu au milieu de ses rêves désaffectés
    ô l'homme déchiré qui trace de son sang le sillon de
l'exil au milieu du monde enfin lourd de ses fruits

DOMAINE DE L'AVEUGLE

Domaine de l'aveugle I

moi-même au centre du charbon
être ma soif et ma source
fièvre égale en ses miroirs

tous mes chemins abolis
le regard veuf de l'espace
et l'oeil halluciné dans la lampe

n'être l'étincelle ni le pain
ni le verbe ni la ruche
mais l'étanche nuit du corps

ne sont plus frères les bois les métaux
mais soeur exacte dans l'étreinte

la nuit

Domaine de l'aveugle II

corps palpé de mains ligneuses
corps enserré de feuilles geôles
corps fait pacte avec la nuit
terre nourrie de pavots noirs
terre qui s'ouvre aux sabots de la foudre
Dieu pille la moelle et déserte l'os

corps d'ambre opaque de grès sourd
aurore étouffée dans l'éponge
la mort ductile dans les os
fixe ses stupeurs corrosives
ne voir   n'entendre   ne toucher
passé l'oeil l'oreille et la main

mais plus soif d'être la source
survivre étincelle aux nuits du charbon

Domaine de l'aveugle III

tout éteindre
si tu veux...
quelle clairière
épuiserait l'obscur

le corps lui-même échappe... ce qu'on saisit au foyer
des douleurs n'est qu'un reflet instantané   le corps est
étranger *un corps* laissé là que l'on rescape à distance et
l'on s'évanouit sur la rive obscure frêle figure translucide
une espèce de pellicule soluble illusoire agitation de la figure
désertée   on est son regard fait nuit et silence

ou bien l'on est pris à l'intérieur dans son corps on est
dans son corps où l'on vit intensément presque avec défi
les mille grouillements et bruissements d'organes et de vais-
seaux   un moment l'on est profond et sourd en la
substance des reins et l'on jaillit plus loin dans l'acide crépi-
tation de l'artère

il ne fallait pas douter retraiter se retrancher on s'achar-
ne à la pâte saignante on incise l'os y gravant l'intolérable
souhait de vivre on s'enferme au cloître resserré des vertèbres
on y devient la plaque irritable aux infinitésimales alertes
du nerf aveugle et fou on s'exorbite par l'oeil vers le vide
ambiant qu'aspirent affolés jusqu'au tambour des tempes
les poumons renoués sur la même haleine captive au creux
de la forge

douter   couper les vivres   ailleurs cette fiction
on a pris les miroirs pour des fenêtres   et l'autre c'est
soi-même qui se joue la comédie des deux masques le doute
est mal du corps malaise de l'os et suppuration du muscle
le doute c'est le sang devenu impur qui violente jusqu'à
l'oeil

corps   ô geste cloué dans ses murs

on marche mais la route est comme un chant de syrènes
au fil des jambes elles croient marcher porter le corps au-
delà de sa propre gravité de sa propre surdité mais c'est
l'horreur du rien ce froid comme vent plaqué sur la peau
c'est l'avancée de la chute

l'oeil ne transgressera plus les limites l'oeil se révulse
vers l'intérieur aux cercles fermés du charbon miroir halluciné jusqu'à la consumation   ce qui fut lumière n'est
que faiblesse de la nuit pas même faille ou transparence...
je saigne et c'est mon sang qui m'éclaire et je progresse dans
le paysage de mon sang comme un serf c'est lui dans la
cervelle qui alimente ce clair de l'oeil lancinant monstrueuse
réverbération à fréquence de haut fourneau

Domaine de l'aveugle IV

et puis nous nous reconnaissons nos lampes s'inclinent
je parle et tu me réponds je recueille tes silences et tu
t'ouvres aux miens qui frémissent encore dans ta main levée
vers moi   nos paroles sont brèves fruits échus dans l'ordre
sévère
les ruisseaux se sont mêlés nos nuits n'en forment plus
qu'une Dieu hésite . . .
que sait-il de la nuit   celle du corps et de la pierre
celle du sang aveugle et de la sève déviée celle de la plaie
et du couteau   sang de l'homme âcre rancune et tache
indélébile sur toutes pierres d'autel   les caillots de la mémoire encombrent le regard qu'on devrait fiancer aux clai-
res danseuses du feu.
nos corps fermés sur le jour corps sans extase et sans
royaumes . . . au seuil des poignets coupés nous avons vu
l'os de la nuit entamer l'enfant dans l'aurore et le pain dans
l'été
récif dans la fontaine et plaie dans la rose le même
crabe déchire le regard dévêtu y mange jusqu'à l'oeil les
racines du jour   nos muscles forts d'où le feu règne
s'engourdissent et se dissolvent aux mirages nocturnes en la
torpeur infusée d'actes parjures
le mal de la lumière accable nos croisées soleil du non-
savoir traverse ravage l'orange la dessèche sur nos lèvres dé-
sertées   domaines grevés de chancres mauves et de bitumes
contagieux nous n'irons plus au bois car l'obscur y dévore
la pulpe des vents et les corps calcinés du désir ancien lu-

minaire   l'arbre du rire étouffe entre les mâchoires du
doute
     et la parole lacérée jusqu'aux gencives la grande chose
envahie de nuit
     nous nous reconnaissons malgré la mort des signes et
nos paroles n'ont point cours de la bouche à l'oreille mais
de la main au coeur   en cécité nous nous touchons muettes geôles fraternisant mêmes braises traquées aux contre-
forts ultimes de l'Interrogation
     l'auberge dévastée produit unique plaie palpitante les
coeurs de la colombe et de l'hôtesse
     qu'il faisait clair dans la fileuse et fête dans la toile
qu'une même serre atteignit   figures d'encre de malaise
châteaux de cartes émiettées dans le vent sans racine
     la grande chose envahie de nuit la muette innocente la
biche contestée au cercle des mâchoires l'otage ensoleillée
que souillent déjà les lippes
     nous sommes deux les mains liées rançon du jour aux
poings des juges sans yeux nous sommes deux... la grande
chose muette la grande chose inquiète palpite à hauteur de
nos cils suppliants   la grande chose l'indistincte l'innombrable et la toujours-autre coalescence des formes et suc
des luminaires la grande chose appelée terre appelée femme
et nourricière la matrice enchaînée âme si proche sous les
algues qui souffre de n'être soleil sous l'écorce grande marée
muette en notre sang vaste crise de l'astre en côtoiement de
nos fougues viridescentes déjà condamnées
     ô impuissance fraternelle   soeur immense en même
geôle   rassemble l'os et la chair l'eau et le sang en l'unique
sursis d'un verbe démesuré sur la place des derniers matins

Domaine de l'aveugle V

lame précise   l'os
contre le chant des nuits
déchire et déchire

ô pur espace de souffrir
ô lèvres à jamais sans accord
sur l'espace du sang

rives désassemblées
sur le tourment de la veine

conscience au flanc de l'éternel sommeil
blessure inguérissable
homme   ô étreinte à jamais différée
dieu à jamais séparé
en ses royaumes ennemis

dieu sanglant
sur la roue de l'absence
insatiable déchirure

Nuits de l'artère

la braise du dieu roule sur nos corps d'ardoise et l'espace
du regard incendié s'effondre sur le fracas des miroirs

un homme ensemençait le sillon de nos plaies d'une
colère résineuse et nous brûlons parmi la forêt de nos actes

à jamais nous refusons la terre aux astres et le fer aux
dieux   à jamais nous enchaînons le vent dans les poumons de nos forges

et le prophète aux lèvres minces provoquait le cri des
lances   nuit j'ai contre la nuit ma chair d'homme-bles-
sure aux lèvres des contrées-famines

Sans crier gare

une nuit j'ai l'hydre au coeur
je me suis tranché les veines et je bois du café
la lune s'ennuie sur la table
entre le sucre et les biscuits

j'étais le vent j'étais la mer et les étoiles
j'étais la chandelle au hublot la coquille et le grain de sable

mon regard toile lancinante
s'incruste l'enseigne en feu
l'affiche hurle en ma cervelle
les lettres d'un suicide aigu

la rue s'échiffe aux doigts gourds de la nuit
j'étais le passant le pavé le terrain vague la cendre

Traces de l'obscur

(FRAGMENTS)

I

les nuits s'enfièvrent sous ses paumes jointes il ne peut plus se discerner de la blessure zénithale renversée dans sa chair l'étoile sourde geint captive de l'aorte et fille de son souffle

homme dont le destin s'inscrit à l'oméga de deux poignards

homme solaire homme taillé pour les routes du jour ô maître des falaises et des ballets d'oiseaux ...

une secrète nuit l'inhume dans son cri
ma voix creuse aux pôles de la nuit l'aire de ses bûchers

je saigne sur la nuit sans rayonner mon nom cathédrale aux clefs d'exil au sein des âges murés vifs

siècles et pays me traversent et d'eux nulle trace en ma nuit s'ouvre une bouche

les monstres vivent de mes bras pour offenser l'espace qui se voulait clore en jardins
et je cherche une voix succédant à ma voix

II

je fus descendu aux lieux de l'Innomé

un grand cheval d'ombre flamba l'instant de ma chute
un million d'années-lumière et les arbres de la base au som-
met s'éteignirent sur toute l'étendue de la montagne à la
mer

seule ma voix le sut d'abord elle était devenue sourde
j'habitais encore ma voix tout soucieux de son malaise
soudain qu'elle m'avait précédé au tourment du cloaque où
toutes formes entrent en dissolution
le silence m'advint par l'excès du langage où j'exacer-
bais toutes pensées   au fond cette faim de la Chose per-
çue en le murmure purulent à la racine de l'ouïe en la proxi-
mité du labeur et du rocher

III

... je parle auprès de l'ombre qui fait source en moi
je parle à l'orée du silence au seuil du labour inhumain
à la bouche de la terre et par le parfum nu de la mort
    et ce n'est plus parler déjà que de nommer la nuit dans
l'os
    et cet éblouissement de la chambre dissipée au loin
la discorde des voies
    n'entendez qu'à mi-voix ces paroles infirmes
    j'ai dû quitter toute parole pour mourir sauf en le
séjour d'origine
    m'y tenir pauvre des choses qui accèdent au nom
    me voici pur au lieu nul de l'absence
    pour avoir désiré la chose dans le verbe et le dieu dans
la chose

il avait inventé contre sa mort les paysages de la force
il cimentait de salive l'ossature des montagnes
il imposait aux eaux la forme innombrable de son corps
la lune remontait le cours de ses artères
                    fleur cadencée du plaisir
il avait femme dans l'espace à toutes défaillances de la nuit
et l'hirondelle perpétuait le long cri acéré de ses bras
                              jusqu'au seuil du feu

table des poèmes

Il a été tiré de ce sixième livre de la collection *poésie canadienne,* dirigée par Guy Robert, 5,000 exemplaires sur papier zéphyr antique des Papeteries Rolland, typographie en garamond. Ce tirage constitue la quatrième édition.

Achevé d'imprimer en novembre 1969
Ateliers Jacques Gaudet Ltée